Las mentes ordinarias hablan de
otras personas.

Las mentes más evolucionadas
discuten sobre eventos.

Las grandes mentes hablan de
ideas.

COCINANDO IDEAS

(Manual para olvidadizos).

Ilustraciones y texto.

Paco Baca.

Método creativo para seguir los pasos que te llevarán a lograr que una idea se concrete.

Capítulo1.

Saca las borritas que tienes en el ombligo.

Te despertaste esta mañana, ¿Cómo empezarás el día? Revisas el celular, miras el techo, sigues acostado... Te rascas la panza, tu dedo índice hurga tu ombligo y te detienes cuando hay algo que no estaba ahí la última vez que lo rascaste... Algo suave, redondito, minúsculo y apetecible para hacer borritas... Suerte que hoy es domingo y no tuviste que levantarte como resorte automáticamente para entrar en la ducha y apurarte a llegar a la oficina. Aunque sea teletrabajo y tengas que lucir impecable para la video junta, por lo menos de la cintura para arriba... Pero, ¿a qué voy con este elaborado pensamiento con el que inicias esta lectura?...

Bueno, muy sencillo, viste como tu pensamiento te llevó a un punto en el que pudiste ver en tu mente, y sentir en tu ombligo una experiencia que solo duró segundos pero que te hizo llegar hasta este punto. Te sacó de tu rutina y te puso a activar todos tus sentidos en un solo enfoque para darte cuenta en este momento de que la probabilidad de que tengas minúsculas borritas de lana en tu ombligo es de casi 1000 posibilidades en uno. Así que, si llegas a ser de los afortunados en poseer borritas de lana en el ombligo, tienes dos opciones para tomar. La primera, sencillamente sacarlas del obligo y tirarlas a la basura, y olvidarlo por siempre, y sin darte cuenta, será un evento que debido a su intrascendencia olvidaras al momento en que te rasques el ombligo y tires al olvido la borrita, o usaras esa experiencia para entender que eres de los afortunados que una mañana despertaron con borritas en el ombligo y lo platicaras a todo el mundo en la próxima reunión, si no es que eres de los ansiosos y ociosos, que tomarán su celular, fotografiarán el ombligo con la evidencia y lo enviarán inmediatamente a las redes sociales, para que así se cree una comunidad que adore la inoperancia de tener borritas de lana en el ombligo pero que le dará un significado totalmente diferente a un evento que puede llegar a convertirse en el motivo de sustentación de una imagen pública dentro de una red social.

A esta altura te preguntarás... ¿Y saber todo esto, para que me sirve?

Pues la respuesta es muy clara, y eso te ayudará a entender, como en un segundo nuestra mente nos puede llevar en un instante a desarrollar un universo de posibilidades en un solo pensamiento que, si le diéramos la intención clarificadora de la mentalidad operativa y práctica, nos puede llevar a resolver la disyuntiva de crecer, o continuar igual.

Analiza esto, y piensa como es algo inevitable, que sucede todo el tiempo y nos mueve en piloto automático, y cuando de repente caemos en cuenta que de pronto estamos en un lugar distinto al que estábamos, y nos hemos trasladado unos metros sin saber que fuerza nos ha llevado a ese otro punto, en el cual ahora somos conscientes de sabernos ubicados en un lugar, pero inconscientes del tiempo que nos ha tomado movernos hasta ahí.

Esa es la parte en la que nuestra mente reactiva, nuestro cerebro reptiliano y nuestro córtex instintivo nos movió sin darnos cuenta, a un lugar donde muchas veces al caer en cuenta, gracias a nuestro neo córtex, nos decimos a nosotros mismos "¿a qué vine?"

Estos tres cerebros son, en orden de evolución, el cerebro reptiliano, el límbico y el neocórtex. Los tres cerebros están interconectados a nivel neuronal y bioquímico y cada uno controla distintas funciones de nuestro cuerpo, afectando directamente a nuestra salud, bienestar y rendimiento personal, profesional o académico.

El reptiliano regula las funciones fisiológicas involuntarias de nuestro cuerpo y es el responsable de la parte más primitiva del reflejo-respuesta. No piensa ni siente emociones, sólo actúa cuando nuestro cuerpo se lo pide: control hormonal y de la temperatura, hambre, sed, motivación reproductiva, respiración... Por encima del reptiliano, tenemos el sistema límbico, almacén de nuestras emociones y recuerdos. En él se encuentra la amígdala, considerada la base de la memoria afectiva. Entre las funciones y las motivaciones del límbico están el miedo, la rabia, el amor maternal, las relaciones sociales, los celos... Por último, tenemos el neocórtex o cerebro racional, que es quien permite tener conciencia y controla las emociones, a la vez que desarrolla las capacidades cognitivas: memorización, concentración, autorreflexión, resolución de problemas, habilidad de escoger el comportamiento adecuado... es la parte consciente de la persona, tanto a nivel fisiológico como emocional. Para hacerlo más fácil y comprensible, agruparemos el primer y el segundo cerebro y lo llamaremos cerebro emocional inconsciente; y al tercero, lo llamaremos cerebro racional consciente.

Buena parte de responsabilidad en conseguir este estado de salud integral recae en la estructura llamada amígdala del sistema límbico, que condiciona nuestros sistemas ejecutivos y de autocontrol emocional (neocórtex), a la vez que condiciona nuestra salud física (reptiliano). Cuando el estrés se apodera de nosotros, la amígdala se activa, no funciona con normalidad y esta alteración provoca que el cerebro no procese adecuadamente la información sensorial que le llega a través, principalmente, del oído, y de otros sentidos. Es entonces cuando la persona reacciona con impulsividad y se bloquean las funciones del neocórtex: los sistemas ejecutivos y de autocontrol emocional, que influye negativamente en nuestro bienestar y, en consecuencia, en nuestro rendimiento. ¿Quién no se ha bloqueado ante una situación de miedo, angustia o estrés?... Bueno...tú tienes la respuesta.

Por eso, era bien importante que entendieras que todo lo que te sucede, sucede en tu mente, y que, así como tu mente lo piensa, así también lo crea y lo provoca. Así que tú tienes la clave para hacer que eso que tanto quieres suceda o no... Lo demás será aprender a usar las herramientas que te dan las circunstancias en las que te mueves, pero eso depende de un grado de atención, de alerta y de saber aprovechar el entorno y de las herramientas con las que cuentas en ese momento para concretar.

En pocas palabras, hablo de tu capacidad de respuesta en el tiempo y el espacio. Y eso solo lo dimensiona la mente, y a esa capacidad, se le conoce como inteligencia… Ojo que dije mente, no cerebro. Son dos cosas muy diferentes, pero van juntas y son al final, complementarias e inseparables.

 Todo este primer capítulo te hará reflexionar sobre como habrás de ir utilizando tu pensamiento de manera práctica para poder ir encontrando los pasos fundamentales para descifrar la estructura de tu idea y llevarla a cabo en el mismo tiempo que te tomaste para entender que hay mil posibilidades en uno de que tengas borritas de lana en el ombligo. Así que ve despejando la pista y ve encendiendo las turbinas que estás a punto de despegar en una de las aventuras más apasionantes que te llevarán a indagar en el interior de tu pensamiento y ahí mismo resolverás las funciones prácticas y su aplicación técnica para que las borritas que se esconden en tu ombligo, tengan un significado distinto que pueda asombrar al mundo, o por lo menos, ayudarte a que tu gran pregunta, tu reto incomparable, tengan una solución tan significativa para ti, que te resuelva la vida, o por lo menos te saque del paso, y te lleve a otro berenjenal del cual deberás hacer acopio de conocimiento técnico, emocional, o social para salir de ese escenario y meterte en otro peor, que deberás solucionar de la misma forma para entrar en una película distinta… pero en la cual, tu deberás ser director, guionista, actor , productor , editor y hasta distribuidor del filme de tu vida...

Dicho todo esto, empecemos a sacar las borritas del obligo y dejémoslas en un lugar, a salvo, donde podamos observarlas...algo tendrán que decirnos.

Todo lo que somos es el resultado de lo que hemos pensado; está fundado en nuestros pensamientos y está hecho de nuestros pensamientos.

Buda *(563 AC-486 AC) Fundador del budismo.*

El paso a paso
del día a día

"No son las cosas que nos pasan las que nos hacen sufrir, sino lo que nosotros nos decimos sobre esas cosas".

Epicteto

Preparas el café mientras intentas despertar del todo, escuchas a lo lejos murmullos de voces que no distingues si provienen de la calle o del interior de tu cabeza.

La rutina es ese lugar al que llegamos como una respuesta a nuestras necesidades cotidianas.

Es ese lugar que nos hace entender de manera cómoda que es el único lugar que tenemos para que al final del día podamos justificar que hay comida en el refrigerador o la renta pagada.

Si, generalmente es así y a eso le llamamos rutina.

Y lo entendemos como todo aquello que nos lleva a repetir día a día una forma de establecer una estructura de movimientos que la mayoría de las veces se torna mecánico y repetitivo y que al final del día, nos hace darnos cuenta que hicimos lo mismo generalmente con el mismo resultado.

A eso le llamamos rutina, al ver
amanecer a la misma hora, a comer a la
misma hora, a dormir a la misma hora.

Y a casi todo el tiempo pensar lo mismo
a la misma hora.

Pero es ahí donde está la rutina.

En la forma en la que vemos nuestro
mundo por instantes. Y digo por
instantes ya que en ese otro momento
que tenemos para no pensar lo mismo
que siempre estamos pensando
generalmente a la misma hora, nos
buscamos un nuevo pretexto para irle
dando forma, para que cuando esos
pensamientos rutinarios que ya nos
vienen sobrando, darán paso a esos
nuevos pensamientos rutinarios que
justificarán nuestros pensamientos
cotidianos.

Ese es el momento preciso de poner
atención a ese mismo pensamiento
repetitivo y anotar la palabra clave.

Justo es el inicio de una nueva aventura de pensamiento que nos llevará a descubrir el primer paso de la nueva rutina que no cambiará mucho de la anterior pero que si permitirá enfrascarnos en el siguiente pretexto para así justificarnos a nosotros mismos ante nuestra nueva elección que de manera repetitiva, surgió desde lo más profundo de nuestra mente y nos atormento sin darnos cuenta desde nuestro inconsciente hasta salir como un grano en la mejilla, inevitable y doloroso, pero fijo y notorio, no solo para nosotros sino para muchos allá afuera.

Y que nos atormentará todo el tiempo porque pensaremos que no se irá nunca y cada minuto será un suplicio para continuar hasta que no desaparezca esperando que no deje una marca permanente que nos recuerde en algún momento durante el día que pasamos por un proceso de desesperación hasta retomar una nueva forma de aferramiento a la rutina, en este caso, la rutina de ver un grano en la mejilla, como la de servirnos un café mientras se enciende la computadora.

¿Pero, acaso todo esto lo hacemos de manera inconsciente?

Si.

Por eso se llama -rutina- Repetir de manera inconsciente la mas de las veces actividades que generalmente están supeditadas a un horario determinado la mas de las veces fijos.

Cuando te das cuenta por primera vez, y lo entiendes por primera vez, lo registra tu experiencia, que como te vengo platicando, es solo a partir de adoptar la forma más "cómoda", o la que te resultó más sencilla aprender y de aplicar. Eso es todo.

. Contabilizar el pensamiento.

¿Dónde surge el pensamiento?

Atraes hacia Ti, literalmente, cosas, personas, ideas y circunstancias que vibran y resuenan con Tu frecuencia energética...

Tu campo de energía cambia constantemente según Tus pensamientos y sentimientos, y el Universo actúa como un ESPEJO que refleja la Energía que proyectas...

Cuanto más intensos son Tus pensamientos y emociones, MAYOR es la atracción magnética de lo que se manifestará en Tu vida...

Ahora bien, este proceso no requiere ningún esfuerzo; un imán no se esfuerza para atraer las cosas, simplemente lo HACE...

Igual que Tú, qué en Todo momento estás atrayendo algo a Tu vida, de acuerdo a Tu FRECUENCIA vibratoria...

Como vibras es como percibes.

¿Te Das cuenta de que Tu vida actual es el resultado de lo que has pensado, hecho, creído y sentido Hasta Ahora?

El pensamiento nace en el cerebro como una función resultante de la interacción neuronal del lóbulo frontal de la masa encefálica.

El pensamiento es un proceso personal pero inevitable en los seres humanos. No solo se refleja en el lenguaje, sino que lo determina. El lenguaje precisa del pensamiento. El lenguaje transmite los conceptos, juicios y raciocinios del pensamiento. El pensamiento se conserva y se fija a través del lenguaje.

Y el lenguaje como estructura racional de los seres inteligentes, se forma en un código común de signos y símbolos que conforman la integración de una idea que expresada en grafismos y fonemas dan la intención exacta en la mayoría de las veces de la idea emitida por la fuente racional, sin embargo, el pensamiento no solo es abstracto e indescifrable sino simbólico.

Es por eso que la síntesis de la expresión inteligente de un pensamiento racional es el grafismo que sintetiza el todo en una expresión reconocible para un universo.

Sea un número, una imagen una letra.

Si la gente nos oyera los pensamientos, pocos escaparíamos de estar encerrados por locos.

Jacinto Benavente *(1866-1954) Dramaturgo español.*

Entender el principio del proceso.

¿Cuántas veces nos hemos preguntado cual es el sentido de la vida?...

¿Y cuantas veces nos hemos quedado igual?

Bueno...hoy te tengo una noticia. y la respuesta.

¡El sentido de la vida es la FELICIDAD!...

Así de sencillo.

Pero para poder entenderlo, debemos de pasar por lo contrario...
Profundos estados de tristeza, depresión, desesperación y desolación.
Pero cuando te das cuenta, que eso es exactamente lo contrario de lo que

buscas, entiendes que solo hay de dos
"sopas" en este mundo.

La felicidad o la infelicidad.

Y cuando has llegado a este punto, si
puedes verlo de manera objetiva que la
tristeza y la felicidad están solo en un
lugar.

Si... En ese lugar. ¡TU MENTE!

Y... ¿Qué hay que hacer para poder
entenderlo, y darnos cuenta de ello?

Bueno, algo muy sencillo de decir y muy
difícil de lograr.

Y es el siguiente punto de este manual.

Y es lo más importante que debemos
aprender y lo he llamado.

. Administrar las emociones.

¿Por dónde empezar?

Una mañana te despiertas y te sientes extraño, desganado y resuelves no salir a trabajar.

Llamas por teléfono a recursos humanos para avisar que estás indispuesto y quieres regresar a la cama, pero no tienes ganas de volverte a dormir, te preparas un café y enciendes la radio, oyes las noticas, y te pones nervioso, prefieres escuchar música y cambias a una estación de música del pasado y te invades de nostalgia prefieres apagar a radio y decides salir a tirar la basura ves que los botes de la basura están llenos y te enojas y regresas a tu casa cargando las bolsas... en media hora tuviste un sinnúmero de emociones que conformaron tu percepción de la vida en ese momento... ¿Y entonces?... qué hacer cuando tienes una tarea inevitable y no se pueden combinar las ganas de trabajar y las ganas de salir volando por la venta... Bueno... aquí te daré algunos consejillos para que esto sea utilizado a tu favor y se convierta en un catalizador de tu creatividad y conviertas esas emociones en el motor que te llevará a concretar tu tarea en pocos minutos... sí. en pocos minutos porque solo te tomará unos minutos diseñar los pasos para concluir tu misión.

–El trabajo del pensamiento se parece a la perforación de un pozo: el agua es turbia al principio, luego se clarifica.
–

Proverbio chino

¿Qué son las emociones?...

Las emociones son reacciones incontrolables la mayoría de más veces que todos experimentamos durante el día, y también muchas veces durante la noche, aflorando estas desde nuestro subconsciente para manifestarse en escenarios oníricos que la mayoría de las veces no recordamos. Pero el tema de los sueños, es otro tema que algún día abordaré con mayor profundidad porque es "El Tema".

Regresando a **las emociones**, son estas las que nos determinan y muchas veces nos colocan en un escenario del cual no sabremos salir sin salir raspados.

Pero eso no te debe de pasar mientras necesitas desarrollar un trabajo en el que incluso se te puede ir la vida...

Imagínate si eres un soldado y no tienes la capacidad de controlar tus emociones puedes poner en peligro la vida de tus compañeros o más aún tu propia vida, solo por no saber gestionar lo que pasa por tu mente. Puedes incluso dar el primer disparo al aire sin motivo y desatar la guerra.

Por eso es importante entender la reacción de cada uno ante sus emociones. Muchas veces pueden ser controladas y otras muchas veces descontroladas.

A continuación, haré una referencia más clara de lo que les he venido platicando.

Las emociones se pueden clasificar basadas en distintos criterios.

Ha habido estudiosos del tema como Paul Eckman, Paul Gustave Loperski y hasta Sigmund Freud, quien decía lo siguiente sobre las emociones;

Según **Freud**, la emoción contiene dos elementos distintos; por un lado, las **descargas de energía física** y, por otro lado, ciertos sentimientos que se manifiestan en las percepciones de las acciones motrices que se producen y sentimientos de placer o desagrado que dan a la emoción sus características esenciales.

Ellos tomaron en cuenta las expresiones faciales y las posturas corporales.

Por ejemplo, Redalyc Richard Stanley
Lazarus (1922-2002) postula que son

las valoraciones cognitivas

las que vinculan y median entre los
sujetos y el ambiente, provocando
emociones particulares como resultado

de **las evaluaciones
específicas** que realiza el sujeto,
de su relación con el ambiente en virtud
de su bienestar.

Así llegamos a entender que podemos

calificar a las emociones

calificándolas como **positivas, negativas
y neutras, agradables y desagradables,
problemáticas, resolutivas, individuales
y colectivas**.

Entendiendo que si no podemos
entender las emociones, si no
conocemos las emociones que nuestro

cerebro registra y como afecta nuestro entendimiento, no podremos tener claridad de resolución y correcta identificación de nuestras reacciones ante el evento al cual nos enfrentamos, por lo tanto, podemos **sintetizar** que **"las emociones contribuyen al entendimiento de nuestro entorno en la medida que las conozcamos y pueden allegarnos al caos en la medida que no las hayamos experimentado y no entendamos como nuestra percepción va a transformar nuestro entorno de realidad"**.

Ahora, analicemos lo que **la teoría cognitiva** nos dice acerca de las emociones.

Las emociones se han clasificado siguiendo

numerosos y variados criterios.

Por ejemplo Ekman, Friesen *y* Ellswoth lo hicieron teniendo en cuenta la **expresión facial**, Lazarus a su vez lo hizo teniendo en cuenta la relación de las emociones con **su componente cognitivo** y Mowrer por su parte utilizó el criterio de las **emociones adquiridas o innatas** …

Así hasta una larga lista de autores y sus correspondientes **clasificaciones de las emociones**, cada uno de ellos empleando diferentes ejes-criterios a fin de ubicar las emociones en una u otra categoría, tales como: **positivas, negativas y neutras, agradables y desagradables, problemáticas, individuales o colectivas** …

Otras clasificaciones de las emociones asignan el calificativo de negativas, positivas, estéticas, neutrales o ambiguas, basándose en el grado en que las emociones afectan al comportamiento del sujeto. Este el caso de Goleman (1996) y Bisquerra (2000), que a continuación tomamos como ejemplo. Estos autores identifican **las emociones básicas y sus correspondientes familias**

Las emociones negativas como parte de la clasificación deben enumerarse en la siguiente lista que determina el concepto cognitivo y su referencia en el acto-reflejo de la inevitable intención que se comunica.

Comencemos por:

-
- **Ira**: (sinónimos)
-
- rabia, cólera, rencor, odio, furia, indignación, resentimiento, aversión, exasperación, tensión, excitación, agitación, acritud, animadversión, animosidad, irritabilidad, hostilidad, violencia, enojo, celos, envidia.

- **Miedo**: (sinónimos)

Temor, horror, pánico, terror, pavor, desasosiego, susto, fobia, ansiedad, aprensión, inquietud, incertidumbre.

-
- **Ansiedad**: (sinónimos)
- Angustia, desesperación, inquietud, estrés, preocupación, anhelo, desazón, consternación, nerviosismo.

-
-
- **Tristeza**: (sinónimos)
- Depresión, frustración, decepción, aflicción, pena, dolor, pesar, desconsuelo, pesimismo, melancolía, autocompasión, soledad, desaliento, desgana, morriña, abatimiento, disgusto, preocupación, desesperación.

- **Vergüenza**: (sinónimos)
-
- culpabilidad, timidez, inseguridad, vergüenza ajena, bochorno, pudor, recato, rubor, sonrojo, verecundia, perplejidad, desazón, remordimiento, humillación, pesar.

. **Aversión**: (sinónimos)

- hostilidad, desprecio, acritud, animosidad, antipatía, resentimiento, rechazo, recelo, asco, repugnancia, desdén, displicencia, disgusto.

- Todo esto, redunda en cambios perceptuales del campo emocional y su reflejo reiterativo en el funcionamiento de órganos vitales que redunda en nuestro estado de salud.

- Todo esto está comprobado por la ciencia, ya que las emociones negativas y positivas, necesariamente se establecen en función referente del estado de salud de los cuerpos humanos.

A veces cargamos las cosas con una importancia que sólo existe en nuestra cabeza.

Rafael Chirbes *(1949-2015) Escritor y crítico literario español.*

Las emociones positivas

se establecen como:

Alegría: (sinónimos)

entusiasmo, euforia, excitación, contento, deleite, diversión, placer, estremecimiento, gratificación, satisfacción, capricho, éxtasis, alivio, regocijo, diversión.

Humor: (sinónimos)

(provoca: sonrisa, risa, carcajada, hilaridad).

Amor: (sinónimos)

afecto, cariño, ternura, simpatía, empatía, aceptación, cordialidad, confianza, amabilidad, afinidad, respeto, devoción, adoración, veneración, enamoramiento, ágape, gratitud.

Felicidad: (sinónimos)

- gozo, tranquilidad, paz interior, dicha, placidez, satisfacción, bienestar.

Y también tenemos:

Emociones ambiguas:

Sorpresa, Esperanza, Compasión.

Emociones estéticas: Las

producidas por las manifestaciones artísticas (literatura, pintura, escultura, música...).

Lazarus a su vez lo hizo teniendo en cuenta la relación de las emociones con su **componente cognitivo** y **Mowrer** por su parte utilizó el criterio de las **emociones adquiridas o innatas**, ... Así hasta una larga lista de autores y sus correspondientes clasificaciones de las emociones, cada uno de ellos empleando diferentes ejes-criterios a fin de ubicar las emociones en una u otra categoría, tales como: **positivas, negativas y neutras, agradables y desagradables, problemáticas, individuales o colectivas...**

¿Por qué es tan importante entender a donde nos llevan las emociones?

Porque entenderlas, es la fórmula para poder disparar la creatividad que nos llevará a tener el control de nuestro proceso de trabajo, que implica los tres pasos de desarrollo.

La motivación inicial en el compendio de pensamiento en el proceso de activación de datos en el mundo mental.

La estructura del proceso justificador para procesar la información y delimitar los parámetros de trabajo.

El elemento detonante en el detonante gatillo, que dispara la idea hasta el infinito.

Y la red de ensamblaje de los elementos que formarán la estructura del resultado ordenado a partir de los cambios emocionales que nos llevarán a descubrir, como las emociones al igual que los proceso se van manejando hasta obtener el resultado de toda esa experiencia.

Tanto si piensas que puedes, como si piensas que no puedes, estás en lo cierto.

Henry Ford *(1863-1947) Industrial estadounidense.*

Es por eso **el título** de este libro y método de aplicación.

Cocinando ideas y de la conferencia del mismo intitulada:

Pensamiento a la carta.

El método para hacer posible lo imposible.

El sentido de la vida.

"**Cuando** fui a la escuela,
me **preguntaron** que quería ser de mayor. Yo
respondí: "feliz". Me dijeron que yo no
entendía la pregunta, y yo les respondí que
ellos no entendían la **vida**". "

John Lennon.

Ser feliz, el único camino para
alcanzar la Felicidad.

¿Pero que es la felicidad?…

Alguna vez algún profesor en alguna clase en alguno de los institutos donde estudié me preguntó y yo le respondí -Lo recuerdo bien- **"la felicidad son instantes de conciencia"** – Le dije- y el simplemente me miró, impávido y sin decir nada, su mano al azar señaló a otro alumno y le hizo la misma pregunta, así siguió hasta terminar y formular algún axioma que repitió de algún pensador o algún poeta, o quizás algún filósofo -no lo recuerdo- pero para mí, ese día, mi respuesta hizo eco en mi más profundo entendimiento y pude entender, que sí, la felicidad, "son instantes de conciencia".

Y si, antes y seguramente después muchos definirán la felicidad a partir de su entendimiento y de su experiencia.

Pero de cierto, hay en todo esto, que sí, es una búsqueda constante que solo se le entrega a aquel que está dispuesto a ser feliz. Y eso, solamente depende de cada uno. Ahí sí, uno puede contribuir a que alguien sea feliz, pero la experiencia dicta que para que haya felicidad primero debe de nacer dentro de uno... Luego se irá esparciendo, si alguien no quiere ser feliz con lo que tiene, pues ese será su problema. Pero afortunadamente, es un problema con solución.

Adrenalina y cortisol.

El **cortisol** (hidrocortisona) es una hormona esteroidea, o glucocorticoide, producida por la capa fascicular de la corteza de la glándula suprarrenal. Se libera como respuesta al estrés y a un nivel bajo de glucocorticoides en la sangre.

El cortisol regula el nivel de azúcar en la sangre. Mantener la presión arterial. Regular el metabolismo, el proceso por el **cual** el **cuerpo** utiliza los alimentos y la energía.

El **cortisol** alto es causado por el consumo de corticoides por un período mayor a 15 días, o por el aumento de la producción de esta hormona en las glándulas suprarrenales, debido al **ESTRÉS CRÓNICO** o algún tumor.

Cuando se sospecha de este problema, debido a los efectos negativos del cortisol en exceso como aumento de peso, presión alta, diabetes y osteoporosis, el médico general podrá pedir el examen del cortisol, midiendo su cantidad en la sangre, orina o saliva.

El control de esta hormona se realiza a través de la realización de actividad física y el consumo de alimentos que ayuden a controlar el estrés y el azúcar en la sangre. Sin embargo, cuando los niveles altos de cortisol son graves, podría ser necesario realizar tratamiento medicamentoso o inclusive una cirugía, orientados por el endocrinólogo.

Mecanismos de defensa.

Lo que sucede y lo que nos preocupa, nuestra mente lo mira real.

Eso, eso mismo sucede hasta en la oficina, y lo peor, te puede suceder... ¡en la cocina!

Una persona con voluntad llega más lejos que una persona inteligente.

Ni tu peor enemigo puede hacerte tanto daño como tus propios pensamientos.

Buda *(563 AC-486 AC) Fundador del budismo.*

Retos cotidianos.

Hoy me he despertado sin ningún propósito… miro el reloj, y miro el techo.

De reojo mira que ya amaneció… ¿Y luego?…

Fuerza de voluntad.

La fuerza de voluntad es el momento en que sin saber cómo diste ese paso.

Algo te llevó y lo dejaste. Dejaste que ese algo te llevara, porque al final, consciente o inocentemente lo querías. Tenías fija una idea en la cabeza.

Y la lograste conseguir. Esa es la fuerza de voluntad.

En resumen; La fuerza de voluntad es la capacidad humana para esforzarse en conseguir un objetivo.

Orden.

El orden de las cosas está dentro del caos que las manifiesta.

Después de la filosofía de la cita anterior, nos movemos al orden práctico del concepto de orden y entendemos por orden.

1.

Manera de estar colocadas las cosas o las personas en el espacio o de sucederse los hechos en el tiempo, según un determinado criterio o una determinada norma.
"el orden de los días de la semana"

2.

Situación o estado de normalidad o funcionamiento correcto de algo, en especial armonía en las relaciones humanas dentro de una colectividad.
"el orden social"

Nosotros tenemos que enfocarnos en el orden de nuestros pensamientos.

El orden de lo que sentimos, el orden que percibimos y la forma en la que registramos y conformamos el estímulo sensorial nos permite conformar el universo primigenio que nos manifiesta el entendimiento.

Así que manos a la obra, y ordenemos primero nuestra comprensión de lo que nos perturba y ordenemos el pensamiento con claridad de entendimiento.

Para eso necesitamos incorporar ese pensamiento ordenado dentro de nuestro

Proyecto de vida.

Lo único constante es el cambio, eso lo dijo alguna vez el filósofo griego, Heráclito de Éfeso, y basados en este postulado, si todo es cambio y transformación, mutación e inicio, nuestro proyecto de vida no tiene por qué no verse afectado por variables no controlables. Es ahí donde debemos de considerar la flexibilidad de nuestras ideas y de cómo nuestro mecanismo adaptativo nos dirá como podemos de la mejor manera reubicar el rumbo para continuar en el camino trazado, o por lo menos de la manera más cercana a la línea de trabajo.

Lo que nos lleva a entender que basados en la inmanencia del cambio, debemos de aferrarnos al mástil de manera firme como lo hizo Ulises por consejo de Circe, para no sucumbir al canto de las sirenas, que, en este caso, le llamaremos distracción... Y hay una sola forma de contenerlo. Y se llama.

Voluntad.

La voluntad o también llamada fuerza de voluntad, es la combinación de esa energía que se llama Fuerza y la voluntad.

A continuación, una definición académica para entender de manera formal el concepto a tratar.

La voluntad es:

1.
   Capacidad humana para decidir con libertad lo que se desea y lo que no.
   "a una persona en estado de hipnosis se le puede manipular la voluntad"

2.
   Deseo o intención, o cosa que se desea.
   "quiere que todo se haga según su voluntad"

La fuerza de voluntad es:

La intensidad con que se manifiesta algo, especialmente un sentimiento.
"superaron los problemas gracias a la fuerza de su amor"

fuerza de voluntad

Capacidad humana para esforzarse lo necesario al hacer una cosa.
"sí tuvieras más fuerza de voluntad, podrías dejar de fumar"

Uno nunca sabe a veces como llega al final del trayecto, pero llega, de manera hasta a veces "milagrosa", lo que no deja, después de un análisis, fuera a La Fuerza de Voluntad.

Así que entendemos como fuerza de voluntad la capacidad que tenemos de manera consciente o subconsciente de llevar a cabo hasta la tarea proyectada más imposible por realizar.

Pero… ¿Qué necesitamos para poder sacar adelante la labor más compleja? …

Si, es correcto. Eso que llamamos.

Pasión.

Si, eso que haces por puro gusto, pero que además le "echas todas las ganas", se le llama pasión. Generalmente al momento que realizas todo aquello con pasión, te lleva a navegar en esas aguas a puro "sentimiento"

El factor inteligencia.

La inteligencia es la respuesta cognitiva ante cualquier estímulo del entorno que amerite una respuesta necesaria. Es también una Facultad de la mente que permite aprender, entender, razonar, tomar decisiones y formarse una idea determinada de la realidad.

Es en pocas palabras la síntesis de este curso. Es la manera en la que aplicarás tu conocimiento a tu favor.

Así que recuerda que_La **inteligencia** es una capacidad mental muy general que implica habilidad para razonar, planificar, resolver problemas, pensar de forma abstracta.

Y como todos somos seres sociales, esto es, que nos gusta vivir en comunidades, tribus, clanes, ciudades y nos toca estar en este planeta en comunidad, no quedándonos otra forma después de tantos millones de habitantes que somos, debemos dar paso al siguiente concepto.

A veces los pensamientos nos consuelan de las cosas, y los libros de las personas.

Joseph Joubert   (1754-1824) Ensayista y moralista francés

Una colección de
pensamientos debe ser
una farmacia donde se
encuentra remedio a todos
los males.

Voltaire *(1694-1778) Filósofo y escritor francés.*

Inteligencia Social.

¿Pero qué es la inteligencia social?

Podemos definir a la inteligencia social como la capacidad de una persona para comunicarse y relacionarse con otros en forma empática y asertiva.

Esto parte del axioma "conócete a ti mismo", ya que nos enfrentamos generalmente al otro a partir de nuestra imagen personal. Y basados en esa percepción, encaramos al mundo y a nuestros semejantes.

Y nuestras percepciones en general son dictadas por nuestras emociones, que son el factor principal para poder interactuar con el entorno, ya que, en una suerte de ensayo entre el error y el acierto, hemos conformado nuestra personalidad a partir de nuestro campo perceptual, que radica directo en el cuerpo emocional, lo que hace que todo vibre y se registre en nuestro campo molecular, lo que al final del día nos conforma como individuos. Ese campo emocional es inteligente y con memoria reiterativa, que se fomenta en todo momento a partir de nuestro cuerpo emocional, lo que nos da por ende el registro de lo que nos manifiesta en tiempo y espacio a partir de nuestro simple entendimiento.

Ya en el siguiente apartado tocaré el tema de la inteligencia emocional, que es el factor de diferencia entre la supervivencia y la incapacidad de poder integrarte al entorno donde las diferencias de opiniones pueden ser la diferencia incluso entre la vida y la muerte...

Primero habrá que repasar estos puntos.

La inteligencia social contiene las habilidades necesarias para comunicarse efectivamente con base en la empatía, el autoconocimiento, la escucha y la lectura de emociones en otras personas. Entre estas se listan:

1. Capacidad de comunicarte de manera verbal, no verbal y que las dos a su vez manifiesten una correcta y fluida conversación.

La parte más básica de la inteligencia social es simplemente expresión verbal. El habla y el dominio del lenguaje no verbal es la plataforma principal por la cual un mensaje es transmitido. El usar las palabras correctas, el tono idóneo y una intención certera es el primer paso de que una comunicación efectiva.

2. Conocimiento sobre roles sociales y costumbres del contexto a influir.

(A la tierra que fueres, haced lo que vieres)

Estar al tanto de las reglas sociales, costumbres e idiosincrasia de determinado grupo es parte de las aptitudes manejadas por la inteligencia social. Facilita la interacción con personas de diferentes edades, orígenes geográficos, religiones e identidades culturales.

3. Capacidad de escucha, atención y entendimiento para una mejor comprensión del mensaje social.

El ejercicio de la escucha efectiva es fundamental para el desarrollo de la inteligencia social, que necesariamente empatarás con el cuerpo emocional, ya que percibirás eso que no se dice pero que determina y el prestar atención, ayuda a conectar con los interlocutores, prevenir conflictos y obtener aprendizajes a través del diálogo. Esto contribuye al crecimiento personal.

4. Tu eres mi espejo, yo soy tu reflejo. Entendimiento sobre cómo funciona la sensibilidad del otro.

Entender lo que activa las emociones de las personas, ya sean negativas o positivas, es en sí el ejercicio de la empatía, y facilita la comunicación con las demás personas, ya que incluye en nuestro discurso las particularidades de los interlocutores. Y, sobre todo, la capacidad de escuchar, interpretar e interactuar en ese proceso simbólico llamado comunicación.

5. Ejecución de rol y eficacia social.

Esta habilidad permite adaptarse a diferentes entornos sociales, tener una idea clara de lo que socialmente se espera de nosotros en un ambiente, ya sea familiar, laboral, amistoso, de soporte o algún otro ayuda a reducir el estrés y asegura interacciones más constructivas. En pocas palabras, comprender al otro, muchas veces no tiene el la culpa de haber llegado hasta donde está. Y tu después de haber leído este curso, lo sabrás con solo mirarle, esa es tu ventaja, ese es el conocimiento que tienes frente a la psique desnuda de tu interlocutor, y será una cacerola limpia para poner su cerebro en ella y empezar a cocinar con aceite y ajo.

6. Construcción y proyección de una imagen externa.

(Como me ves, me tratas)

Esto solo consiste en la mantener la habilidad de presentarnos a otros en la forma que vas a conectar con los demás sin alejarnos de lo que define la permanencia de nuestra personalidad. El objetivo es saberte manejar de una manera coherente desde la persona que somos siempre abierto a adoptar conductas que muestren empatía, consenso y comprensión de las particularidades de los demás.

¿Por qué la inteligencia social debe ser considerada como parte del bagaje educativo

Porque la inteligencia social utiliza las habilidades otorgadas por la inteligencia emocional y la inteligencia propia para generar una aptitud de liderazgo y realización de tareas cognitivas especializadas, únicas y altamente valuadas.

Lo que da el valor único que te distingue de los demás, lo demás es solo una impostura de oropel que se desmorona al paso del tiempo y con la exposición al entorno siempre cambiante y modificable.

Renovarse o morir.

Este es el punto medular de este manual.

El saber manejar tus impulsos emocionales y proyectarlos en su máxima expresión a través de la manifestación del arte en el proceso creativo, entendiendo como arte aquella forma de crear a partir de la experiencia en un momento único de expresión personal.

La capacidad de adaptación o la ley de selección natural.

Lo que hace que las especies perduren es su capacidad de adaptación, lo que hace que los individuos crezcan es su inteligencia.

Inteligencia emocional.

La Inteligencia Emocional es una estructura perceptual que nos ayuda a entender de qué manera podemos influir de un modo adaptativo e inteligente tanto sobre nuestras emociones como en nuestra interpretación de los estados emocionales de los demás. Este aspecto de la dimensión psicológica humana tiene un papel fundamental tanto en nuestra manera de socializar como en las estrategias de adaptación al medio que seguimos.

Alegría, nerviosismo, sorpresa, ira, calma, decepción... manejar esa cascada de emociones que se suceden una tras otra y con la que vivimos a diario es un reto monumental. Sin embargo, la inteligencia emocional sabe cómo hacerlo y en cada momento se abre paso cada vez con más fuerza como la única solución para alcanzar la felicidad en cualquier ámbito de nuestras vidas. Así que veamos de que trata esto. ¿Todos podemos tener aparte de nuestra inteligencia natural, la inteligencia emocional?

La respuesta es ¡Si!

-Pero hay que desarrollarla- Y si, eso lleva tiempo… Puede ser aprendida, pero si ya lo has venido haciendo desde que llegaste a este mundo… será más fácil. ¿Por dónde empezar?…

Bueno… descubramos como inició todo esto:

Con la publicación del libro *Inteligencia emocional* en 1995 por parte del psicólogo norteamericano Daniel Goleman se puso en primer plano esta disciplina a nivel global. Incluso la Organización de las Naciones Unidas para la Educación, la Ciencia y la Cultura (UNESCO) desarrolló una iniciativa en 2002 por la que remitió a los ministros de educación de 140 países una declaración con diez principios básicos para establecer programas de aprendizaje social y emocional.

Para Daniel Goleman, la inteligencia emocional es **la capacidad de reconocer sentimientos propios y ajenos, de motivarnos y de manejar adecuadamente las relaciones.** Para así escudriñar en nuestra propia información emocional y la de los demás porque la emoción es la expresión física de nuestra mente y eso es también llamado por mucha intuición. Las emociones nos informan de la forma en la que procesamos experiencias y esto nos permitirá, por ejemplo, ser consciente de lo que decimos y lo que pensamos y de cómo vamos a expresarlo de la manera correcta, en tiempo y forma, para a partir del cuerpo emocional de nuestro interlocutor, podamos permear hasta su universo personal más alejado en la galaxia de sus emociones.

La inteligencia emocional nos **ayuda a superar actitudes, creencias y hábitos negativos que nos condicionan y nos limitan impidiendo sacar todo nuestro potencial.** Timothy Gallwey, autor de numerosos libros para el desarrollo de la excelencia personal y profesional, decía en este sentido que el rendimiento en nuestras vidas se puede representar con una simple **ecuación**:

$$R \text{ (rendimiento)} = P \text{ (potencial)}$$

$$- I \text{ (interferencias)}.$$

Es decir, cuantas menos interferencias emocionales negativas
tengamos, mayor potencial sacaremos.

Entonces debemos entender que a inteligencia emocional, nos permite relacionarnos con el mundo superando los obstáculos que nos condicionan a tener pensamientos limitantes que nos llevan a estancarnos en el camino al desarrollo de nuestro potencial como individuos, permitiéndonos superar día con día, cualquier contingencia en nuestro campo perceptual, relacional, laboral y personal, entendiendo desde antes, con una suerte de anticipación, entender el contexto de manera emocional, permitiendo que nuestros sentidos establezcan la mejor posición de ataque ante el agreste e indómito mundo de las percepciones generadas en el entorno de las emociones disparatadas a las que en todo momento nos enfrentamos en cualquier campo electromagnético frente a la presurización atmosférica que en todo momento nos envuelve.

Resiliencia Emocional durante el proceso...

En el proceso que planteo en este escrito, nos obliga a entender que todo lo explicado en este capítulo nos remite directamente a entender que la primera aplicación de la inteligencia emocional, de comenzar por nosotros mismos.

Por lo tanto, debemos de entender cómo se procesan las emociones y como estas nos influyen y nos sabotean o nos propulsan a lo largo del día y de la noche. Y debemos de aprender a encontrar el momento de subida del carrito en el juego de la feria, cuando va de bajada y cuando va de subida. Ese es el momento de poder así propulsar nuestras intenciones, objetivos y proyectos durante el tiempo en el que nos veamos encaminados para realizar el trabajo que se ha venido postergando.

Todo esto requiere de disciplina y método.

Temas que iré presentando en los siguientes capítulos.

No hay que cargar
nuestros pensamientos
con el peso de nuestros
zapatos.

André Breton *(1896-1966) Poeta y crítico francés.*

Capítulo2.

Que fue primero, ¿el huevo o la gallina?

Fórmula de la Ecuación cuántica.

La llamada **ecuación de Dirac** es la versión relativista de la ecuación de ondas de la mecánica cuántica y fue formulada por Paul Dirac en 1928, quien juntó dos de las ideas más importantes de la ciencia: la mecánica cuántica (la ecuación de Schrödinger) * que describe el comportamiento de objetos muy pequeños; y la teoría especial de Einstein de la relatividad, que describe el comportamiento de objetos en movimiento rápido. Por lo tanto, la ecuación de Dirac describe cómo las partículas como electrones se comportan cuando viajan a casi la velocidad de la luz, también describe de forma natural el spin y predice la existencia de antimateria.

. **Contenido de la Ecuación cuántica**.

La ecuación de Dirac describe las amplitudes de probabilidad para un electrón solo. Esta teoría de una sola partícula da una predicción suficientemente buena del espín y del momento magnético del electrón, y explica la mayor parte de la estructura fina observada en las líneas espectrales atómicas. También realiza una peculiar predicción de que existe un conjunto infinito de estados cuánticos en que el electrón tiene energía negativa. Este extraño resultado permite a Dirac predecir, por medio de las hipótesis contenidas en la llamada

teoría de los agujeros, la existencia de

electrones cargados positivamente. Esta

predicción fue verificada con el descubrimiento del **positrón**, en el año 1932.

A pesar de este éxito, la teoría fue descartada porque implicaba la creación y destrucción de partículas, enfrentándose así a una de las consecuencias básicas de la relatividad. Esta dificultad fue resuelta mediante su reformulación como una **teoría cuántica de campos**.

Añadir un **campo electromagnético** cuantizado en esta teoría conduce a la moderna teoría de la **electrodinámica cuántica** (Quantum Electrodynamics, QED).

Intención.

Aquí, en este apartado podemos incluir la ecuación de Schrödinger.*

¿Por qué la incluimos en la intención?

Porque la intención es el momento en el que podemos influir en el destino.

Es la intención lo que determina que las cosas se hagan o no.

¿Qué es la ecuación de Schrödinger?

La **ecuación de Schrödinger**, desarrollada por el físico austríaco **Erwin Schrödinger** en 1925, describe la evolución temporal de una partícula subatómica masiva de naturaleza ondulatoria y no relativista. Es de importancia central en la teoría de la **mecánica cuántica**, donde representa para las partículas microscópicas un papel análogo a la **segunda ley de Newton** en la **mecánica clásica**. Las partículas microscópicas incluyen a las partículas elementales, tales como electrones, así como sistemas de partículas, tales como núcleos atómicos. (wikypedia)

Forma.

La ecuación de Schrödinger independiente del tiempo predice que las funciones de onda pueden tener la forma de ondas estacionarias, denominados estados estacionarios (también llamados "orbitales", como en los orbitales atómicos o los orbitales moleculares). Estos estados son importantes, y si los estados estacionarios se clasifican y se pueden comprender, entonces es más fácil de resolver la ecuación de Schrödinger dependiente del tiempo para **cualquier** estado.

La *ecuación de Schrödinger independiente del tiempo* es la ecuación que describe los estados estacionarios. (Solo se utiliza cuando el Hamiltoniano - El **Hamiltoniano** *H* tiene dos significados distintos, aunque relacionados. En mecánica clásica, es una función que describe el estado de un sistema

mecánico en términos de variables
posición y **momento**, y es la
base para la reformulación de la
mecánica clásica conocida
como mecánica hamiltoniana.

En mecánica cuántica, el operador
Hamiltoniano es el correspondiente

al observable "**energía**".- no es
dependiente del tiempo. Sin embargo,
en cada uno de estos casos la función
de onda total seguirá dependiente del
tiempo.) (Wikypedia)

Esto se explica mejor
cuando lo explicamos con
un gato. Bueno, así lo
explicó Schrödinger..

El **_gato de Schrödinger_** es un experimento mental, a veces descrito como una **paradoja**, ideado por el físico austriaco-irlandés **Erwin Schrödinger** en **1935**, durante el curso de discusiones con **Albert Einstein.** Ilustra lo que él vio como el problema de la **interpretación de Copenhague** de la **mecánica cuántica**. El escenario presenta

un **gato hipotético** que puede estar simultáneamente vivo y muerto, un estado conocido

como **superposición cuántica**, como resultado de estar vinculado a un

evento subatómico aleatorio que puede ocurrir o no.

El experimento mental también se presenta a menudo en discusiones teóricas sobre

las **interpretaciones de la mecánica cuántica**

particularmente en situaciones que involucran el *problema de la medición*. Schrödinger acuñó el término *Verschränkung*

(entrelazamiento cuántico) durante el desarrollo del experimento mental. (wikypedia)

Schrödinger pretendía que su experimento mental fuera una discusión de la **paradoja EPR**, llamada así por sus autores **Einstein**, **Podolsky** y **Rosen** en 1935. La **paradoja EPR** destacó la naturaleza contraintuitiva de las **superposiciones cuánticas**, en las que un sistema cuántico como un **átomo** o el **fotón** puede existir como una combinación de múltiples estados correspondientes a diferentes resultados posibles.

La teoría predominante, llamada **interpretación de**

Copenhague dice que un sistema cuántico permanece en superposición hasta que interactúa con el mundo externo o es observado por él.

Cuando esto sucede, la superposición colapsa en uno u otro de los posibles estados definidos.

El experimento EPR muestra que un sistema con múltiples partículas separadas por grandes distancias puede estar en tal superposición. Schrödinger y Einstein intercambiaron cartas sobre el artículo EPR de Einstein, en el curso del cual Einstein señaló que el estado de un barril inestable de pólvora, después de un tiempo, contendrá una superposición de estados explotados y sin explotar.

Para ilustrar mejor, Schrödinger describió cómo se podría, en principio, crear una superposición en un sistema a gran escala haciéndolo dependiente de una partícula cuántica que estaba en una superposición. Propuso un escenario con un gato en una cámara de acero cerrada, en el que la vida o la muerte del gato dependía del estado de un átomo radiactivo, si se había descompuesto y emitido radiación o no.

Según Schrödinger, la interpretación de Copenhague implica que el gato **permanece vivo y muerto** hasta que se observa el estado.

Schrödinger no deseaba promover la idea de gatos muertos y vivos como una posibilidad sería; por el contrario, **pretendía que el ejemplo ilustrara el absurdo de la visión existente de la mecánica cuántica**.

Sin embargo, desde la época de Schrödinger, los físicos han propuesto otras interpretaciones de la mecánica cuántica, algunos de los cuales

consideran que la superposición del gato "vivo y muerto" es bastante real.

Intentado como una crítica de la interpretación de Copenhague (la ortodoxia predominante en 1935),

El experimento mental del gato de Schrödinger sigue siendo una *piedra de toque* para las interpretaciones modernas de la mecánica cuántica y puede usarse para ilustrar y comparar sus fortalezas y debilidades.

(Nuevamente Wikypedia)

En este entendido, podemos decir que

tu **idea** puede estar ahora

concretada o no, dependiendo
de la intención que tengas para
concretarla. Y dependerá del tiempo
que tomes o no, para realizarla. Pero
como este sabio gato demostró. Puedes
aterrizarla o dejarla solo en tu mente. Y
cualquiera de las dos opciones es real.

Así que tú decides si continúas leyendo o no. Porque, de cualquier forma, eso te

llevará a un **resultado**.

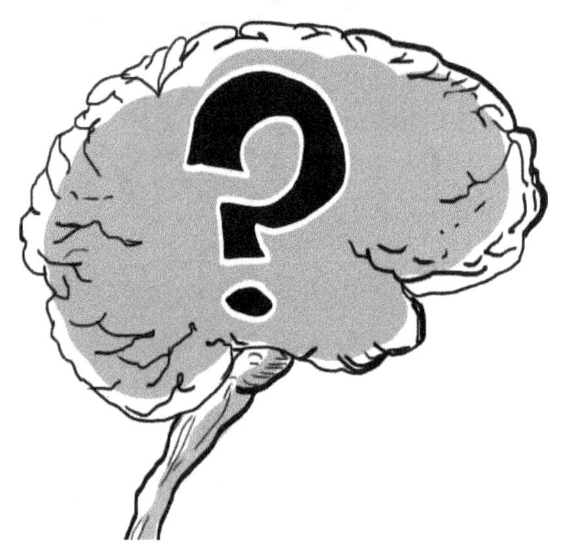

¿Cuál es el resultado?

El resultado en este manual, lo establecemos de esta forma, siendo simplistas y relativistas.

El resultado de la intención de concretar, depende del tiempo en que logremos concatenar el desenlace de la fusión de electrones (información) en la explosión del núcleo del átomo (positrón) para desencadenar la manifestación de la materia.

En pocas y simples palabras, entre menos tiempo tomes para concretar tu idea, más rápido podrás ver el resultado buscado.

(Esto, en este preciso momento, es lo que me llevó a entender, que este manual, debe de estar terminado a partir de este momento, que es apenas la mitad del pensamiento de creación total)

Y aquí es donde vislumbrando el resultado final, me enfoco en el siguiente apartado.

El Propósito.

Diseñar diagrama molecular.

El tiempo que imprimas en el diseño de tu diagrama, será intrínsicamente proporcional al resultado que obtengas en descifrar el contenido de tu propósito basado en una serie de enlaces matemáticos que permitirán que de una manera modular puedas en si recurrir a cada elemento utilitario para incorporarlo en cada uno de los procesos estructurales de la formación de cada elemento a manera de una gran molécula que se alimenta a sí misma.

Así el resultado será programado previamente desde tu cálculo personal y con el resultado que tú mismo te proporciones a partir de como estructuras tu propio diagrama. En este capítulo te iré enseñando como formar tu diagrama a partir de módulos en los cuales separarás tus herramientas, tus conocimientos y tus habilidades en una estructura interconectada que te permitirá establecer un patrón modular que te llevará a establecer una ruta crítica de interlineado cartesiano.

Lo que te dará siempre la forma estructurada para llevar a cabo tu idea y concretarla en el tiempo y el espacio de manera racional. Todo está establecido en la matriz cartesiana de módulos tangenciales y de estructura modular en formación molecular.

Para poder realizar esta estructura se requiere de 9 pasos.

1.- definición del problema.

2.- identificación del problema.

3.- elaboración de la ficha técnica.

4.- construcción de la matriz.

5.-análisis racional.

6.- suma de influencias y dependencias.

7.- construcción del plano cartesiano.

8.- clasificación de problemas.

9.- construcción de árbol de problemas o posibles obstáculos.

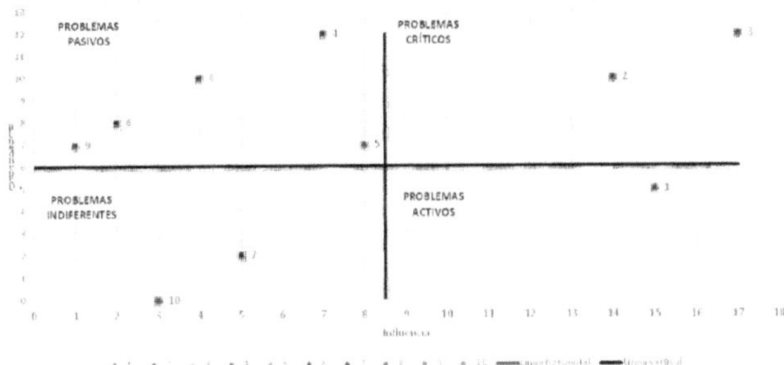

Analiza y estudia este diagrama. Es el puerto de partida para tener un diagnóstico de lo que quieres trabajar.

. Objetivo:

Diseña de manera lineal las ideas que te llevarán al resultado deseado. (Diagrama lineal)

Este diagrama de flujo que al finalizar este apartado podrás reconocer y trabajar sobre él, representa las etapas en las que los estudiantes desarrollarán el proyecto y el orden entre ellas. A grandes rasgos se establecen cuatro grandes fases y tres puntos de control en el flujo del proyecto:

- **Fase 1, inicio del proyecto**:
-
- Durante esta fase se plantea el proyecto y se desarrollan varias etapas de discusión entre los estudiantes, determinación de conocimientos previos, búsquedas iniciales de información y generación de ideas para la solución del proyecto.
- Punto de control 1, comprensión adecuada: se representa como un rombo de decisión y permite determinar si el proyecto se ha comprendido bien y podemos continuar adelante o es necesario volver atrás para discutirlo de nuevo, buscar nueva información y generar más ideas para la solución.
-

- **Fase 2, diseño de la solución**:
-
- las etapas correspondientes a esta fase aparecen en la columna central de la figura diagramada. Durante esta fase se diseña la solución elegida para el proyecto, primero buscando información específica del proyecto y después generando y seleccionando soluciones adecuadas. En esta fase las soluciones ya no son tentativas, sino que es necesario estudiarlas en profundidad y elegir aquella que se va a desarrollar.
- Punto de control 2, solución adecuada e información suficiente: se corresponde con el segundo rombo o estado de decisión y consiste en determinar si la información recogida es suficiente y nos permite asegurar que la solución seleccionada es adecuada. Si esto no ocurre, debemos seguir mejorando el

diseño hasta que podamos pasar a la siguiente fase de desarrollo.

- **Fase 3, desarrollo de la solución**:

 se corresponde con las cuatro etapas iniciales de la columna derecha de la primera imagen. Esta fase es el desarrollo del proyecto y, habitualmente, la que lleva más tiempo realizar. Durante esta etapa el diseñador de su proyecto desarrolla sus ideas y construyen su solución. Empezarás asignando tareas y roles y terminará construyendo la solución y validándola. Las etapas de construcción son dependientes de la naturaleza del proyecto.

  - Punto de control 3, desarrollo adecuado: este último rombo de decisión nos permite comprobar si la solución y su construcción resuelven realmente el problema. Si es así, daremos el proyecto por bien desarrollado. En caso contrario, debemos volver atrás y mejorar aquello que no sea satisfactorio.

-
-
- **Fase 4, presentación:**
-
- por último, es necesario presentar el proyecto y su solución, Con esta etapa damos por concluido el proyecto. Es necesario que el diseñador del mapa reflexione sobre el resultado y, sobre todo, sobre su propio aprendizaje y ponga en valor aquello que han sido capaz de realizarlo por sí mismo. También debemos reflexionar para tratar de corregir en el futuro lo que no sea totalmente satisfactorio.

Este ejercicio es la estructura básica para poder establecer la ruta con puertos y atajaos que nos llevará a tener claro como podemos a partir de seguir las señales en la carretera, llegar al destino esperado. Esta es la ruta del mapa del tesoro. Estudia y analiza los diagramas mostrados a continuación. Elabora tu propio mapa y sigue tu camino. Ahí encontraras las estructuras para conseguirlo. Estúdialo con atención y desarrolla tus rutas, tus atajos y tus puertos de arribo.

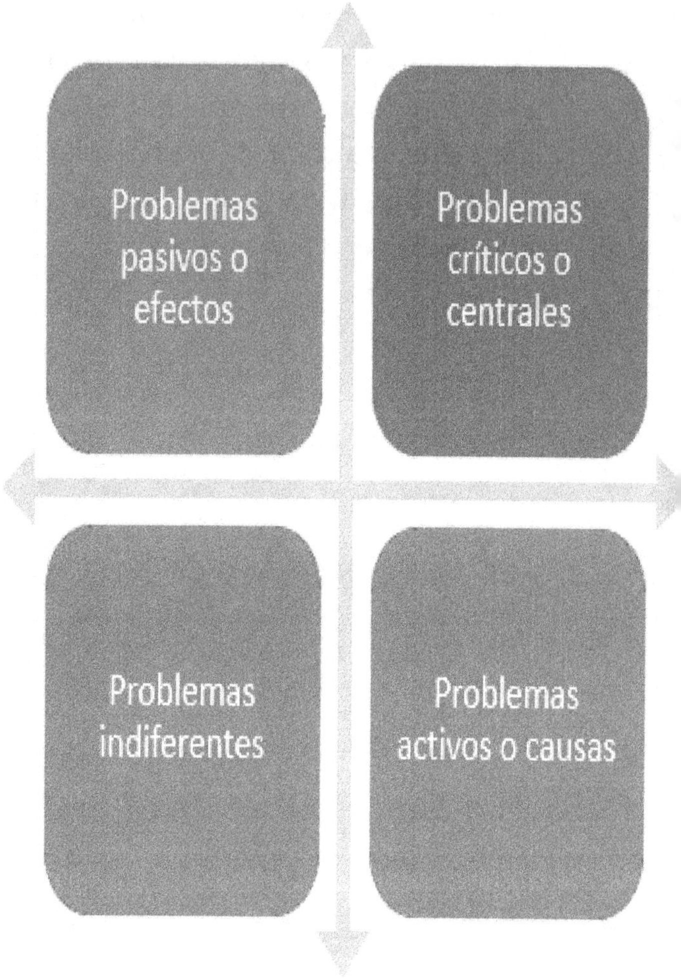

Problemas pasivos o efectos
Problemas críticos o centrales
Problemas indiferentes
Problemas activos o causas

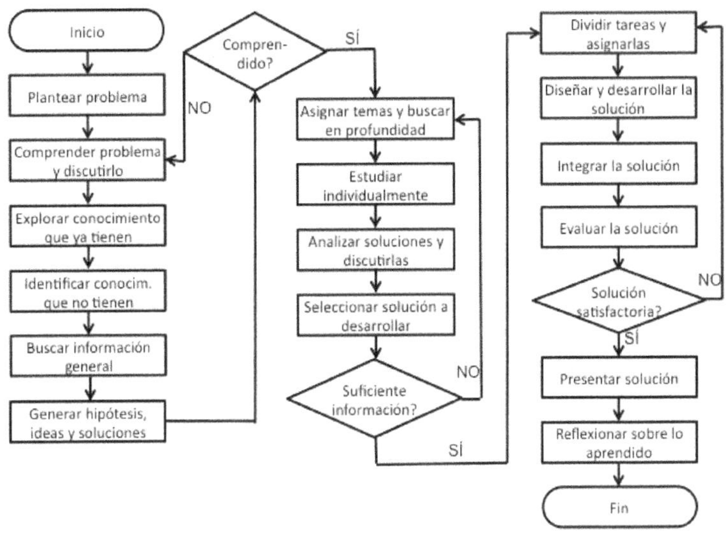

El mapa de nuestra mente ni nos engaña ni nos miente.

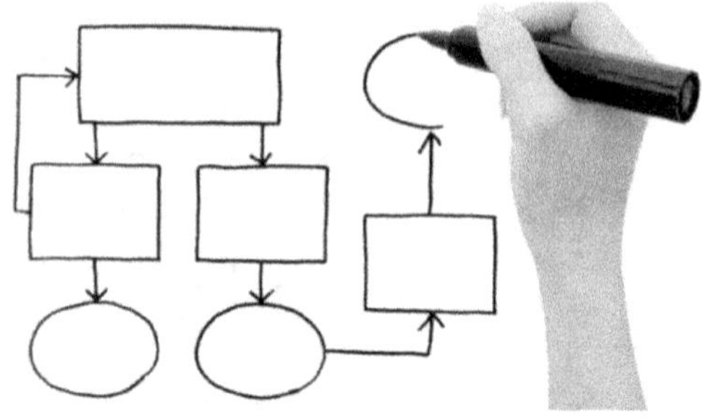

Por qué es importante establecer de manera gráfica un diagrama de flujo, con las intenciones de nuestro objetivo y la forma en la que vamos a realizarlo a partir de una estructura que dibujaremos con todas las posibilidades de elementos a utilizar como este método lo indica, tomando en cuenta desde nuestros valores, conocimientos, herramientas , talentos carencias y recursos para así dibujar sobre un papel en una representación espontánea los pensamientos que se ramifican desde un concepto central. La organización visual del diagrama fomenta la tormenta de ideas, la toma de notas efectiva, una retención mayor y una presentación impactante. Este diagrama, comúnmente llamado mapa mental pueden ser lo más simple o lo más elaborado y dibujarlo a mano o en una computadora. En función de tus propósitos y tu tiempo, el mapa mental que en este libro lo llamaremos

DIAGRAMA DE PENSAMIENTO

 puede incluir elementos significativos y creativos, como imágenes, dibujos, líneas curvas de grosor variable y múltiples colores.

Y será lo más elaborado, lo más significativo, lo más simple o lo más complicado, y sobre todo lo más explicativo para ti, para que con la magia de la narrativa gráfica puedas esclarecerte el tiempo y la energía que pueden tomarte de tu tiempo de vida, la fórmula que te llevará a la productividad en tu tiempo y la nueva estructura cerebral que te obligará a establecer nuevas conexiones dentro de la red neuronal a partir del hábito de la diagramación de tu camino de trabajo.

Comencemos por el principio, donde todo se nos irá revelando a partir del conocimiento de la profunda reflexión y del simple manejo de la aritmética que te llevará a conquistar las fórmulas para que el proceso sea dinámico, exacto y hasta divertido.

Y sobre todo, la práctica te permitirá entender que toda operación matemática no solo tiene una representación numérica sino que muchas veces se basa en la comprensión de elementos que son incuantificables en el momento, pero si intuíbles por el genio del subconsciente que calcula a manera de una computadora cuántica la ecuación que te permite anotar un gol de media cancha, prediciendo la velocidad del golpe, ante el peso del volumen del balón, más la velocidad del viento y la probabilidad y estadística de que los defensas se adelanten el arquero se detenga y el impulso de la velocidad de la pierna en el golpe con el ángulo perfecto del empeine, hará que en segundos la operación matemática efectuada por tu cerebro, concrete la intención de haber colocado el balón en el ángulo contrario a donde el arquero pudiera lanzarse para evitarlo, y justo donde nadie esperaba en el estadio que el balón entrara, y donde sí, tu intención y tu cálculo invisible, pudo resolverlo a partir de una regla de tres, que simplemente aplicaste en el infinito de posibilidades de tu mente perceptual.

Y si, fue un gol de antología y un recurso, que los que no entienden de la lógica del proceso mental en la más prístina de sus realidades, le llamarán "talento", pero no es nada más que la capacidad que tiene el cerebro de conectar con la mente de la creación universal.

Pero para los que no buscan anotar un gol, y si resolver el día a día encontré esta siempre fórmula que te resolverá el día a día de manera genial, pero prácticamente amigable.

Y entenderemos en este proceso de pensamiento el uso práctico, aplicable y cuantificable en el resultado del método

Pensamiento a la carta …

. Aplicación de La regla de tres como escribir el a b c.

En las matcmáticas, la regla de tres consiste en resolver problemas de proporcionalidad entre tres valores conocidos y una incógnita. En ella se establece una relación de linealidad.

La **regla de tres** es un mecanismo que permite la **resolución de problemas** vinculados a la **proporcionalidad** entre tres valores que se conocen y un cuarto que es una **incógnita**. Gracias a la **regla**, se puede descubrir el valor de este cuarto término. Es importante también tener claro otros aspectos sobre la mencionada regla de tres simple. Nos estamos refiriendo al hecho de que los problemas que permite resolver son tanto de proporcionalidad directa como de proporcionalidad inversa. Y eso sin olvidar tampoco que para llevar una a cabo hay que contar con tres datos fundamentales: dos magnitudes que son proporcionales entre sí y una tercera.

En otras palabras, una regla de tres es una operación que se desarrolla para conocer el valor del cuarto término de una proporción a partir de los valores de los otros términos. De acuerdo a sus características, es posible diferenciar entre la regla de tres simple y la regla de tres compuesta.

¿Qué es la regla de tres simple?

La regla de tres simple es aquella que permite establecer el vínculo de proporcionalidad entre dos términos que se conocen (**A** y **B**) y, a partir del conocimiento de un tercer término (**C**), calcular el valor del cuarto (**X**).

Veamos un ejemplo. Un cocinero que, días atrás, preparó tres tortas con un kilogramo de harina, ahora dispone de cinco kilogramos de harina y quiere saber cuántas tortas puede elaborar. Para realizar el cálculo, aplica la regla de tres simple:

Si con 1 kilogramo de harina preparó 3 tortas,

con 5 kilogramos de harina preparará X tortas.

$1 = 3$

$5 = X$

$5 \times 3 = 1 \times X$

$15 = X$

De este modo, el cocinero descubre que, con **5 kilogramos de harina**, puede preparar **15 tortas**.

Clasificación según el tipo

La regla de tres simple puede ser directa o inversa. En el caso de la **regla de tres simple directa**, la proporcionalidad es constante: a un incremento de **A**, le corresponde un incremento de **B** en idéntica proporción.

Un ejemplo para entender este tipo de regla de tres simple sería el siguiente: en una tienda queremos comprar unas sillas y nos dicen que las venden en pack. En concreto, nos dicen que 5 valen 600 euros, pero nosotros necesitamos 8 y queremos saber cuál es el precio que tendrían. Así, para conocer el resultado deberíamos realizar las siguientes operaciones: 600 x 8 y el resultado, 4800, dividirlo entre 5. Así conoceríamos que las ocho sillas valen 960 euros.

En la regla de tres simple- inversa, en cambio, la proporcionalidad constante sólo se conserva cuando, a un incremento de **A**, le corresponda una disminución de **B**.

Un ejemplo para comprender cómo funciona la regla de tres simple -inversa es este: hoy una empresa de mercancías ha flotado tres camiones para transportar en seis viajes cada uno una cantidad determinada de paquetes. Sin embargo, ayer, para trasladar el mismo número de paquetes, se contó con sólo dos camiones de la mismas dimensiones y capacidades. Entonces, se nos plantea

la cuestión de ¿cuántos viajes hicieron
esos dos vehículos?

Para saberlo, la operación consistiría en
hacer estos pasos: 3 x 6 y el resultado,
18, dividirlo entre 2, lo que nos daría
que los dos camiones tuvieron que
hacer 9 viajes cada uno.

Esta es la estructura que involucra a la
estructura de entendimiento del
sistema de resolución de la percepción.

La dirección de la mente es más importante que su progreso.

Joseph Joubert *(1754-1824) Ensayista y moralista francés.*

Capítulo 3.

¿Pastel o gelatina?

¿Pastel o gelatina?

. Cualquiera de los dos puede ser el resultado con los mismos condimentos.

¿Pastel o gelatina?

Tendrás nada, a menos que hagas… nada.

.¿De qué me sirve contar?

(siempre cuentas con algo, principalmente con la necesidad)

. La necesidad es la madre de la inventiva.

Siempre es así.

. El hambre es el mayor motivador.

Comienza a resolver el enigma, cuando te empiece a dar hambre.

(quítate el hambre ya que hayas logrado el primer punto)

Capítulo 4.

Todo camino comienza con un paso.

-Pensamiento a la Carta-.

Crea un **crucigrama** con ideas, preguntas y respuestas que te llevarán al **resultado** deseado.

Puedes utilizar imágenes, dibujos, palabras y símbolos. Se creativo, el límite es tu imaginación. Recuerda acomodar tus columnas con los temas para lo horizontal y lo vertical. Y solo maneja un tema que te permita controlar el resultado.

Paso1.

Organizar preguntas.

Vale más lo bueno y conocido, que lo malo por conocer.
El protagonista de este relato, es el alción. Un pájaro encantador que le gusta habitar en lugares alejados.

Incluso, existe un pequeño mito que nos cuenta que este hace su nido a las orillas del mar, huyendo de las personas que lo quieren cazar.

Cuenta la historia, que un alción estaba a punto de poner sus huevos. Ante esto, divisó un peñasco en el camino, se subió allí y prontamente armó su nido.

Al día siguiente, decidió salir temprano en busca de comida. Pero, mientras estaba ausente, las olas del mar se incrementaron, y chocaron tan fuertemente contra el peñasco… que el nido de retoños terminó ahogándose.

Al ver tan triste hecho al regresar, comenzó a lamentarse sin cesar.

- ¡Que desafortunado soy! No puedo creer lo que ha ocurrido, y ni lo entiendo en verdad. Tanto que he huido de los peligros en tierra, y el mar resultó ser más peligroso sin dudar. No fue buena idea venirme acá.

Moraleja: *Cada decisión te lleva a algo nuevo por explorar. Sé cuidadoso ante terrenos desconocidos, no te confíes en su totalidad.*

Paso 2:

Organizar elementos.

En distintas partes de un tronco seco, hacían vida un gato, una comadreja, un búho y un ratón. Por necesidad ninguno abandonaba su refugio, aun cuando eran enemigos por naturaleza. Vivían desconfiando uno del otro, pero sin abandonar el lugar. Un día el dueño de la granja donde se encontraban decidió eliminar a los animales residentes en el tronco. Para eso, colocó varias trampas y una red en la pata del tronco seco. El gato, distraído, fue el primero en caer en las trampas del granjero. Comenzó a dar fuertes gritos al verse en peligro.

El ratón sonreía alegre al escuchar sus alaridos. El gato estaba atrapado y él se libraría de uno de sus enemigos.

El gato desesperado lo llamó y le dijo:

-Si me dejas morir, el búho y la comadreja te van a devorar. Ellos quieren más que seas su alimento, que yo mismo. Pero si me ayudas, te prometo que te protegeré de aquí en adelante.

El ratoncito lo pensó unos segundos y decidió liberar al gato. Al soltarse de la red, huyeron del lugar, juntos. Pasado un tiempo, el gato podía percibir que el ratón aun le temía, así que un día le preguntó:

-¿Aún me temes? ¿Crees que no recuerdo la promesa que te hice cuando salvaste mi vida?

-¡No!- respondió el ratoncito- Pero tampoco se me olvida tu instinto y que me prometiste eso en circunstancias desfavorables.

Moraleja: *Nunca debemos confiar en alianzas que hizo el* *miedo. Una vez pasado el temor, se olvidan.*

Paso 3.

Vectorizar   direcciones.

-Dos ranas, un pantano y un hermoso camino-.

Escondida en su pantano, distante entre la multitud, habitaba una pequeña rana acostumbrada a su espacio de gran magnitud. Soñadora quizá, muchos lo creerían en su lugar. Después de todo, vale la pena soñar.

Cerca de ella se encontraba otra rana en un charco en el camino. Al verla su vecina, la llamó y pegó un brinco.

— ¡Ven a vivir conmigo! Estarás mejor y segura. No te quedes varada en cualquier lugar, solo por pura premura.

Pero, aunque le repitiera una y otra vez, ella no se quiso mover. Solo le decía:

-No puedo dejar mi casa, me siento bien aquí. Además, estoy satisfecha como puedes ver.

La pobre no hizo caso, y a los días se llevó una gran impresión. Pasó alguien con una carretilla, y enseguida allí la aplastó.

Moraleja: *Aprovecha las oportunidades cuando se te presentan. No te conformes quedándote en un mismo rincón solo por costumbre.*

Paso 4.

Visualizar resultados.

-La gratitud, es un hecho que demuestra amor-.

Aquel día, el sol estaba bastante intenso. Una pequeña hormiga, estuvo a punto de desmayarse de la sed que tenía. Decidió entonces bajar hasta un tranquilo manantial, para hidratarse y reponer sus energías. Se inclinó un poco para tomar; pero, se ha caído sin pensar. La corriente comenzó a arrastrarla.

– ¡Auxilio! ¡Auxilio! ¡Que alguien me ayude! Dijo la hormiga muy asustada.

En las alturas, se encontraba una paloma observando lo que allí ocurría. Al ver a la pobre hormiguita en peligro, buscó velozmente cortar una rama con su pico; enseguida, la lanzó. Le angustiaba que la pequeña se pudiera ahogar (y una ayuda no está demás). La hormiga subió a la rama, y la usó como salvavidas hasta lograr llegar a la orilla.

Al cabo de un rato, la hormiguita escuchó a lo lejos un sonido misterioso. Se trataba de un cazador preparando su arma para disparar a la bondadosa paloma. La hormiga sin dudar, le dio un fuerte mordisco en el tobillo, y al éste gritar... alertó a la paloma para de allí emigrar. La fiel ave, miró a la hormiga con total agradecimiento, y alzó inmediatamente su vuelo hacia otro lugar.

Moraleja: *Debemos ser siempre agradecidos. No solo con nuestras palabras, sino con nuestros hechos.*

Paso 5.

Poner riesgos.

Las ranas se encontraban muy angustiadas y atemorizadas. Por ello, decidieron hacer un consejo de ranas.

El sol había informado que cambiaría su rumbo y que a partir de ahora solo alumbraría y calentaría la tierra por seis meses durante el año. Advirtió que los otros seis meses reinaría un ambiente frío y oscuro.

Todas las ranas en el consejo se hacían preguntas muy preocupadas.

- ¿Y ahora que será de nosotras? - Preguntaban sin encontrar respuestas- Las charcas quedarán sin agua, los ríos se secarán.

-No podremos tendernos panza arriba a tomar el sol y entrar en calor. Morirán los insectos que son nuestro alimento

¡Esto no puede ser! Debemos alzar una protesta contundente.

Sin pensarlo más comenzaron su protesta, elevando sus quejas. En un momento sintieron una voz que les respondía:

- ¿Solo les interesa que el sol deje de calentar y brillar durante todo el año, por su propio beneficio?

Las ranas se miraron entre ellas confundidas y respondieron:

- ¡Claro! ¿Por qué tendríamos que querer que lo haga por alguien más?

Moraleja: *El egoísmo solo nos aleja de nuestros objetivos.*

Paso 6.

Poner ventajas.

Toda la vida en la granja habían vivido dos gallos en total armonía. Nunca habían tenido un conflicto.

Pero un día el granjero trajo al gallinero una hermosa gallina, petulante y altanera. Ambos gallos se enamoraron de inmediato de la hermosa dama.

Esto los convirtió en rivales y enemigos. Se dedicaron a competir por el amor de la gallina.

Tratando de resolver pronto este conflicto tomaron la decisión de enfrentarse en un combate, El que venciera sería el merecedor del amor de la gallinita.

Por largo rato se enfrentaron, hasta que el gallo más fuerte venció y se fue al lado de la hermosa gallina. El otro se refundió en el corral a llorar su pena.

El gallo vencedor se subió al techo para alardear su triunfo. Comenzó a gritar muy fuerte, quería que todos los vecinos se enteraran de que había ganado.

Pero para su mala suerte, lo escuchó un buitre y, sin pensarlo dos veces, se abalanzó sobre él, dando fin a su vida y a su soberbia.

Moraleja: *Se debe ser humilde cuando se gana una acción.*

Paso 7.

Diseñar diagrama.

El miedo, a veces, hace que las buenas ideas queden en nada.
Había una vez, hace bastante tiempo, una enorme familia de ratones que vivía en la despensa de una casa. Hubieran vivido felices, pero el miedo a un gran gato les impedía salir fuera, pues el animal los vigilaba día y noche.

En un momento dado, los ratoncitos realizaron una asamblea con la intención de poner fin al problema.

El jefe de los ratones, el más viejo y sabio, tomó la palabra:

-No podemos vivir así, necesitamos soluciones.

-Yo tengo una -dijo un ratón, atento y despierto-. Si atamos un cascabel al gato, sabremos por dónde anda. Si se acerca, escaparemos a tiempo.

El asunto fue interesante, por lo que la propuesta fue aceptada por el congreso de ratones. Aun así, el jefe ratón tenía sus reparos al respecto:

-Silencio, amigos. Es buena idea, ahora bien, ¿quién será el valiente que ponga el cascabel al gato?

Oído esto, todo el congreso de ratones quedó en silencio. Ninguno de ellos pudo responder a la pregunta. De hecho, el miedo se cebó con la congregación. Así que todos se fueron a casa con hambre y tristeza.

Moraleja: *una cosa es tener grandes ideas, y otra muy diferente es poder llevarlas a cabo.*

Paso 8.

Diseñar atajos.

En algún momento, el león, rey de la selva, decidió comenzar una guerra en las tierras vecinas. Deseaba extender su reino y gobernar en lugares más extensos.

Para poder llevar a cabo su idea, tenía que preparar una tropa que fuera fuerte. Dio orden de reclutar a todos los animales habitantes de su reino.

Al reunirlos todos, les habló de su idea y comenzó a asignar a cada uno un puesto dentro de su ejército. Dio tareas según la naturaleza de cada animal.

Escogió al elefante para encargarse de llevar las armas en su lomo fuerte y amplio; el oso por su gran tamaño fue seleccionado para ir al frente del pelotón; al zorro le dio la tarea de encargarse de la parte diplomática; y el leopardo, con su gran sigilo, entraría por la retaguardia para sorprenderlos.

Cuando ya la mayoría de los animales sabía cuál sería su misión, una voz se escuchó alzarse:

¡Oh mi rey, yo recomendaría que no incluya ni a los burros, ni a las liebres en esta guerra! ¡El burro es poco astuto y la liebre es fácil de atemorizar!

El León buscó a todos lados e interrumpió para responder:

¡Estás equivocado! Por supuesto que ellos serán parte de mi regimiento, sin ellos no estaríamos completos. El burro será quien asuste al enemigo con sus rebuznos y la liebre, por su rapidez, será quien entregue el correo.

Moraleja: Hasta una desventaja se convierte en virtud cuando es bien utilizada.

Paso 9.
Separar resultados.

-A veces, nos encerramos en nuestro propio mundo más de lo que deberíamos-.
Este relato nos habla de un hombre estudioso. Aquel que observa y analiza las estrellas, los planetas, las galaxias, cuerpos celestes, y el universo en general. Astrónomo, le hacen llamar.

Este astrónomo tenía el viejo hábito de caminar todas las noches. Paseaba de calle en calle, de lugar en lugar. Bastante retirado de la ciudad, debo decir. Siempre concentrado en su mundo, sin mirar más allá. Una noche, admirando el cielo, cayó en un pozo sin pensar.

Comenzó a lamentarse una y otra vez, pidiendo auxilio sin cesar. A los pocos minutos, pasó un hombre cerca de donde estaba, el cual, oyendo su llamado se acercó de inmediato. Rápidamente se puso al tanto de lo ocurrido, y enseguida le dijo:

-Amigo, veo que deseas observar lo que hay en el cielo, pero... ¿cuántas veces te has detenido a ver lo que hay en la tierra?

Moraleja: A veces, nos encerramos tanto en nuestro mundo, que nos olvidamos de todo lo demás. No está mal explorar lo que hay más allá, pero es necesario saber dónde estamos.

Paso 10.

Evaluar resultado.

-Los miedos, en algunas circunstancias, nos dejan una gran enseñanza-.
Siempre que alguien nuevo surge en nuestro camino, nos preguntamos si realmente es confiable. Nos invade una especie de temor que nos lleva a crear hechos que solo forman parte de nuestra imaginación.

Esta es la historia de una zorra que se dejó arropar por el inmenso miedo a lo desconocido.

Paseando como de costumbre, se encontró con un león; jamás había visto un felino similar. Esto la puso algo dudosa, además de sentir inmediatamente un miedo enorme, tanto que corrió lo más lejos que pudo.

Lo más extraño de todo es que se topó nuevamente con el león; sintió temor… pero ya no como aquella primera vez.

Se tomó el tiempo necesario para observarlo, y evaluar su comportamiento al hacerle compañía.

Como cosas del destino, se encontró al afamado rey de la selva una tercera vez. En esta oportunidad, ya el susto dejó de acompañarla, y se atrevió incluso a conversar un buen rato con él.

Moraleja: *Las barreras de nuestros miedos se ven rotas, a medida que lo desconocido se convierte en conocido. Por supuesto, siempre es bueno que la prudencia nos acompañé.*

Capítulo 6.

Encontrar la cuadratura del círculo.

La Forma es cuadrada.

El resultado es circular.

(Hombre de Vitrubio).

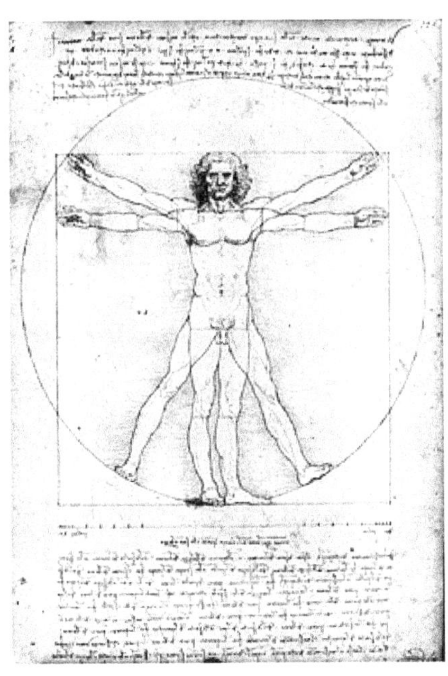

Conclusiones.

La idea de presentar a manera de fábulas de dominio popular los puntos de trabajo de este último capítulo es para que, en su lectura, el subconsciente, logre comprender como todo funciona de manera sincrónica en nuestra operatividad cuando logramos entrelazar ambos hemisferios cerebrales, lo que propulsa pensamiento y acción, y bajo una misma dirección, en el terreno de la intención por conseguir el objetivo, más la técnica apropiada, tenemos un gol inolvidable encajado en el arco.

Como todo en la vida, debemos de poner acción y movimiento y sobre todo, manos a la obra en cada idea que nos surja y nos mueva a concretarla.

Las herramientas están a los lados y al frente, detrás la experiencia y el conocimiento adquirido, por delante la visión y la templanza y en el mejor de los casos la capacidad de entrelazar la creatividad con las ganas de trabajarla.

La conclusión dependerá en este momento de cada uno, yo solo sugerí que la vida está conformada por hechos y no por palabras.

Este libro les presenta, la idea general para pensar en cada mente la posibilidad de encontrar más que un método una motivación de creación.

-Lo demás, depende de cada uno-.

Paco Baca.

Por cierto. Cuando tengas una idea, solo compártela con aquellos que puedan entenderla. Cuando la concretes y la transformes. Compártela con el mundo. Al final. Muy pocos aun así concluida,
podrán entenderla hasta después que el tiempo les demuestre su utilidad.

¿RUEDA?... para variar Federico, es otra idea tuya, que no te llevará a ninguna parte.